그림자 보관함

이은림 시집

시인동네 시인선 014   이은림 시집

그림자 보관함

시인동네

시인의 말

그리고,
그러므로,
그럼에도 불구하고
노래는 흐르고,
꽃은 핍니다.

그래서,
그리하여,
그럼에도 불구하고
내 온몸에서 기어나오는 시들.

그러니까 아빠,
제발 힘내세요.
오르골 상자 태엽은
언제든 다시 감을 수 있잖아요.

2014년 7월
이은림

그림자 보관함

시인의 말

차례

제1부

칸나 · 13

일요일은 어디로 흘러가나 · 14

오후 세 시 · 16

바람의 신부 · 18

비둘기에게 버스 운전은 맡기지 마세요 · 20

한밤중의 태양 · 22

나비 · 24

난독증 환자를 위한 요리 · 26

절대음감 K · 28

숨바꼭질 · 30

생일 · 32

오르골 상자 · 34

그림자 밴드 · 36

제2부

야간 대합실 · 39

오늘 나는 아주 파랗죠 · 40

조향사 · 42

자정의 결혼 · 43

그림자 보관함 · 44

사이 · 46

접시들 · 48

낯설고 익숙한 이야기 · 50

생선가게가 있는 골목 · 52

기념일 · 54

라푼첼 · 56

르네 마그리트풍의 화술 · 58

후일담 · 60

제3부

욕조 · 63

거울 도시 · 64

벨벳 상자 · 66

끝나지 않는 이야기 · 67

5년 후의 고래 · 68

고요를 아는가 · 70

3월의 일요일들 · 72

맹목적인 이야기 · 74

그럴 수 있지 · 76

캄보디아, 캄보디아 · 78

구름은 부푼다 · 81

내 눈물 속에서 탱고를 · 82

제4부

달팽이의 노래 · 85

얼음 케이크 · 86

그저 그런 이야기 · 88

내가 아기를 재우는 일에 골몰하는 동안 · 90

흰긴수염고래야, 부탁해 · 92

후박나무는 키가 크다 · 94

미끼 · 96

진화(進化)가 궁금한 여섯 살 딸에게 · 98

열흘 그리고 열흘 · 100

특별할 것 없는 이야기 · 102

알래스카에서 스무 살 생일파티를 할까 · 104

끝없는 사슬 · 106

해설 칸나의 알래스카
    황성희(시인) · 107

제1부

칸나

 오후를 지나는 중인가요? 기다란 목덜미가 여유롭군요. 이 시간이면, 어김없이 우리의 시선이 마주치죠. 당신은 그저 나의 남쪽 창을 지나치는 중이었을 텐데요.

 당신의 붉은 표정과 마주하지 않으면 내게 저녁은 오지 않아요. 어두워져도 그건 밤이 아니죠. 당신이 없는 검은 여백일 뿐.

 남쪽 창은 줄곧 열려 있어요. 오후를 배회하는 일은 즐겁나요? 이상하게 창밖에서 자꾸 꽃잎 타는 냄새가 나요.

일요일은 어디로 흘러가나

바오밥 거리에서 만날까요?
모론다바는 오늘도 환하답니다
세 번째 바오밥나무 앞에서
멋지게 악수를 한다면
그쯤에서 멈춘 구름에게
조금은 덜 미안할 거예요

사탄나뭇잎꼬리도마뱀*에 대한 이야기가 궁금하다면
마다가스카르로 오지 못할 이유가 없습니다
기막힌 위장술을 배우기에
이 긴 이름의 파충류만 한 스승도 없거든요
당신의 사연에 대해서는 굳이
알고 싶지는 않습니다
다만, 위장하고 싶은 당신에 대해서는

있는 힘을 다해 올려다봅니다
바오밥 거리의 바오밥나무들
몇천 년 동안 바오밥의 시간들은

바오밥 안에 갇혀 있어요
죽을힘을 다해 죽지 않으려 애쓰면서
최대한 바오밥스럽게
늙어갑니다

당신의 사연에 대해서는
정말 아무것도 궁금하지 않아요
위장하고 싶은 당신쯤이야 그런가 보다 하면 그뿐
사탄나뭇잎꼬리도마뱀 선생의 붉은 눈빛이라도
충분히 모른 척 넘어갈 것입니다

바오밥 거리에서라면 지루하지 않습니다
세 번째 바오밥나무 앞에서라면
나인 듯
당신인 듯
뭉게뭉게 부푸는 구름들도
잠시 표정을 숨길 수는 있을 거예요

―――――――
*카멜레온도 울고 갈 위장술의 대가. 아프리카 마다가스카르에만 사는 희귀종.

오후 세 시

오후 세 시가 되면 공원묘지는 산책길이 됩니다
오후 세 시의 봉분들은 산책길에 알맞은 풍경이 되지요
산책이 시작되면 이미 오후 세 시가 아닌 거지만

유모차를 밀면서 우아하게 산책은 시작됩니다
공원묘지 옆은 미술관 공원묘지 뒤는 아파트
이곳에서 버스를 타면 어디든 갈 수 있지요

때로 공원인 줄 알고 찾아오는 사람들이 있어요
여기는 공원이 아니라 묘지예요,
단 한마디만 했을 뿐인데
그들의 표정은 놀랍도록 빠르게 일그러집니다

오후 세 시는 오후 세 시처럼 진행됩니다
봉분들은 못다 한 말들로 둥글게 부풀고
분신한 청년의 묘 옆에서 오후 세 시의 나무는
홧홧 붉어집니다 의문사한 여대생의 묘 위로
추락하는 오후 세 시의 나뭇잎들,

유모차 속 아이의 잠은 더 달콤해지고요

바퀴가 돌고 산책이 계속되는 동안,
오후 세 시스럽게 허밍을 하고,
오후 세 시스럽게 봉분을 세어보고,
오후 세 시스럽게 머리칼을 고쳐 묶지만

지금은 오후 세 시입니까?
과연 그렇습니까?

열세 번째 봉분 위에 걸터앉은
그림자쯤이야 떼어내고 가버리면 그뿐입니다

바람의 신부*

75년 동안 느릿느릿 꺼내온 꽃잎을
서둘러 거둬가 버린 달선인장 이야기라면 어때?
J는 가시투성이 선인장을 내 어깨에 그리기 시작한다
오래된 이야기야, 언젠가 사막의 한밤중에
꽃잎을 꺼내놓던 달선인장**과 마주한 적 있었어
라 레이나 데 라 노체(la reina de la noche)
오늘은 너를 이렇게 불러보고 싶군
보사노바풍의 바람이 그치질 않는 이 밤
메스키트 아래서 또 어느 달선인장은
75년의 시간을 끄집어내겠지
꼬깃꼬깃 접혀 있던 꽃을 토해내고
가시투성이 몸으로 돌아가는 거야
그리고 사막의 한 부분이 되는 거지
나의 라 레이나 데 라 노체,
창문을 닫았는데도 바람이 멈추지 않는군
네가 잠들어 있을 때 더 사나워지겠지
그래, 나는 달선인장 꽃을 봤으니 됐어
이미 75년의 시간을 먹어버렸으니,

저 바람에 실컷 물어뜯겨주지
이건 더 오랜 이야기가 될 거야

언제 어디에서건 바람은 불고,
내 왼쪽 어깨는 시시때때로
J가 그려놓은 달선인장 가시에 시달린다
어쩌면, 이것은 내가 꽃을 떨구고
사막으로 돌아갈 때까지 계속될 이야기

---

*오스트리아의 화가이자 극작가인 오스카 코코슈카(Oskar Kokoschka)의 그림. (1914, 바젤미술관)
**메스키트나 크레오소트 같은 관목 아래서 숨어 자라는 가시투성이 잿빛 식물. 선인장 자체는 75년 이상 살 수 있지만 꽃은 단 하룻밤 정도만 핀다. 스페인어 이름은 "라 레이나 데 라 노체(la reina de la noche)", 즉 밤의 여왕이라는 뜻이다.

비둘기에게 버스 운전은 맡기지 마세요*

올해는 봄도 길고 겨울은 더 길었군
흘러가는 강물도 한없이 길지
내 귓속에서 포클레인들이 떠들어대는 것 같아
세면대를 채우는 것이 흙탕물은 분명 아닌데
아침마다 한참 동안 수돗물을 흘려보내며
조간신문을 읽네

투표소의 줄도 길더군, 처음이야
선거일이면 티격태격 통화하는 아빠와 나
강물은 강물이고, 투표는 투표고
어디에 달렸든 바퀴는 둥글지
그저 굴러갈 수밖에 없긴 한데……
포클레인은 너무 시끄러워서 말이야

빨간 버스, 초록 버스
번갈아 지나다니지만
타야 할 버스는 지독히도 오지 않네
긴 봄부터 기다리던 버스가

갑자기 당도한 여름에 우리 앞에 멈추고
그저 묵묵히 바퀴를 굴려댄다
앞바퀴 뒷바퀴 천천히, 혹은 빨리

굴러가는 바퀴는 굴러가는 게 전부인 것처럼
한없이 구르다가는 멈추고,
뙤약볕 아래서도 무조건 다시 굴러가고

한 번의 신호 정도는 무시하고 달려간다
엄마, 버스 운전은 비둘기에게 맡기는 거 아니지?
아이의 작은 손가락이 가리키는 것은
교각 아래 줄지어 앉아 있는 한 떼의 비둘기

버스를 기다리면서도
버스를 타고 가면서도
아이는 무럭무럭 잘도 자란다

＊모 윌렘스(Mo Willems)의 그림책 제목.

한밤중의 태양

여기는 알래스카야
자정의 햇빛이 눈부시구나,
여름이 오면 이렇게 시작되는
엽서를 여기저기 보낼 거예요

너무 환한 건 어두운 거예요
알래스카에 가기 위해
아르바이트를 시작했어요

하루 종일 일광욕을 할 거예요
새벽에는 둥근 선글라스를 쓰고
그림자를 질질 끌고 다니겠어요
태양은 지겹도록 두 눈 부릅뜨고 있겠죠
아주 잠깐, 꿈도 없는 잠을 청하고요

보란 듯이 환한 그곳에서도
아마 나는 제일 어두운 사람이겠죠
엽서에 새벽의 햇빛을 묻히고

자정의 흰 구름을 구겨 넣을게요

여기는 알래스카란다
나는 태양의 창살에 갇혀 있어,
언제든 여름이 되면
이렇게 시작되는 엽서를 받아볼 수 있어요

한밤중에도
너무 환한 당신,
햇빛을 아무리 친친 감아도
나는 늘, 어둡고
알래스카는 너무 멀긴 하지만,

나비

뜬금없이 나비가 날아올랐다
당신과 탱고를 추었던 순간에

우리의 스텝은 서툴렀지만
왼발 오른발
오른발 왼발
서로에게 체중을 싣고
우아하게 턴을 했지

얇은 커튼처럼 펄럭이던 달빛 사이,
아찔한 땀 냄새, 당신의 숨소리……
반도네온* 연주자는 점점 지쳐갔지만

맞잡은 손과 손
시선과 시선,
당신의 다리와
나의 다리는
집요했어

>
밀롱가**의 레퍼토리는 끝이 없었고
당신은 분명 나의 파트너였지
지금은 누구의 체인지 파트너가 되어 있을까

또 한 마리의 나비가 나를 스친다
우아하게 골목 안으로 턴을 하면
무심히 쏟아지는 햇빛 때문에 눈이 감기고

놀랍지 않은가
몇 번의 날갯짓만으로 허공을 마음껏 가질 수 있다니!

---

*소형의 손풍금. 아르헨티나탱고에 빼놓을 수 없는 악기로, 애수를 띤 어두운 음색이 특징.
**아르헨티나 초원에서 발생한 민속음악에서 발달한 2박자의 빠른 리듬의 춤, 그리고 음악. 춤추는 행위, 노래, 춤추는 장소, 탱고에 관한 모든 것.

난독증 환자를 위한 요리

 알아요? 당신 눈알은 너무 낡았어요. 당신이 보는 풍경의 가장자리엔 진물이 흐르고, 누구든 쉽게 의심하고, 같은 말을 되풀이해서 듣죠. 큼직한 글씨로 끊임없이 메모를 하고, 힘차게 밑줄을 긋지만 그마저도 제대로 읽을 수 없는 날들. 누군가 당신의 이력을 읽어보라고 다그치네요. 이제 막 삼백 삼십 권째 책을 씹어 먹고 있는 당신에게.

 오늘은 당신 위한 요리를 할 거예요. 오랫동안 수집해온 각종 눈알들로만 만든 요리. 날것을 좋아하는 당신에게 제격이죠. 넓은 접시에 동글동글 모여 있는 눈알들. 백 년도 더 된 고래눈알소스를 끼얹고 제철 과일로 장식하면 끝이에요.

 오도독, 눈알 터지는 소리가 경쾌하군요. 날것이 지겨우면 얼른 튀겨올게요. 눈알주스는 어때요? 눈알샐러드도 괜찮을 거예요. 먹다 남은 눈알은 당신 눈알과 바꿔 끼워 봐요. 냉동 보관된 눈알들이라 신선할 테니까요.

 머리 위, 박쥐들이 눈알목걸이를 만드느라 분주하네요. 오늘은 만월(滿月)의 밤. 모듬눈알요리로 만찬을 즐기기에 딱 좋은 날. 부릅뜬 만월을 관통하며 개기월식이 막 시작되려나 봐요. 후식이 준비되는 동안, 저 만월의 독백부터 읽어볼까요?

절대음감, K

이상해. 오늘은 아침부터 *라솔라, 라솔라* 바람 소리가 들리는군. 틀림없어, 창문이 제대로 안 닫힌 거야. 이봐, 부탁이야. 조금만 더. 그렇지, 이젠 됐어. *파파레, 파파레*……. 오전 열 시의 바람소리는 이런 거야.

피아노 조율은 그만하면 됐어. 미친 물고기 같은 두 손을 올려놔야 해. 이렇게 버릇없이 설쳐대는 손가락들을 어떻게 하면 좋을까. 950권째 작곡 노트도 몇 페이지 안 남았을 거야. 새 노트가 필요해. 연필도 세 자루쯤 깎아놓고 가면 좋겠어.

좀 전의 악보, 눈치챘어? 당신 이야기야. 〈방문자〉란 제목, 딱이지? 알레그로 모데라토! 일관성 있는 눈빛이 마음에 들었거든. 이 방에서 나갈 때는 부디 '알레그리시모'로 움직여주길.

모든 소리는 음을 지녔어. 소리 아닌 것도 음을 지녔고. 눈앞에선 음표들이 요동치지. K, 밥 먹어! *미, 파파솔!* K, 비가 와! *라, 라라시!* 그러니 제발, 모두들 그 입 좀 닥쳐줄래? 구토가 멈추질 않잖아.

>

 도레미, 파솔라 펄럭이는 귀와 무작정 날뛰기부터 하는 손가락이 내 몸의 전부일까. 이봐, 부탁이야. 은빛 도끼의 식욕에 대해 구체적으로 이야기해봐. 검고 하얀 건반 위에 선명한 어떤 색이 조화를 이룰 수도 있겠지. 손가락의 속도를 따라잡는 현학적인 도끼의 몸놀림을 표현할 수 있다면.

숨바꼭질

아참, 우린 숨바꼭질 중이었지
이쯤해서 어디 한번 자세를 바꿔볼까
들키지 않게 조심조심
아, 없는 손목이 또 시큰거리네
굴러가는 나뭇잎들의 저 불편한 자세

나무 저편에 술래가 있겠지
후다닥 뚱뚱해진 나무 때문에
술래의 위치는 더 견고해졌어

꼭꼭 숨어라 머리카락 보일라
머리카락 보일까봐
머리는 집에 두고 숨었지

꼭꼭 숨어라 옷자락이 보일라
옷자락 보일까봐
두 팔도 떼어놓고 왔지

숨어 있다 지쳐서 깜박 졸았어
졸다가 깨어보니 저만치 발가락들이 달아나네
내 발목은 이리도 가늘고 위태롭고
순서대로 줄지어 달아나는 발가락들은
보란 듯이 술래 앞을 지나치고

휘청, 하는 나뭇가지들에게
쉿, 조용! 속삭이는 순간
천천히 지워지는 입술과
사라지기 시작하는 얼굴
신기하게도 허벅지는 제법 오래 남아 있네

나무가 좀 더 뚱뚱해질 테니
숨어 있기 한결 편하겠구나
잊지 마, 우리의 놀이는 계속되는 거야

나무 뒤에 숨은 내가 나무가 되고
나무 저편의 네가 나무처럼 부러져도

생일

자궁은 칸트보다 위대하다*
나는 자궁이라 불리는 위대한 집에 산다
아마 나는 7월생이 되리라

나는 나로부터 유전자를 물려받았다
자궁 속에 드디어 나를 그려 넣었다
나는 천천히 완성되는 중이다

칸트가 죽은 뒤에도 우후죽순,
자궁들은 거짓말처럼 부풀어가고
거짓말처럼 부푸는 자궁 속에는
거짓말처럼 자라는 내가 있다

여름이면 나는 다시 시작할 수 있다
두 발을 쳐들고 돌아다니던 자궁을 벗어나
나는 나를 엄마, 라고 부르기 위해
애쓸 것이다 나를 빼닮은 나에게
즐겁게 사육될 것이다

자궁은 칸트보다 위대하다
위대한 그곳에 나는 나를 그려 넣었다
나는 악착같이 나를 닮아가는 중이다

---

*영화 〈헤드윅〉 중에서.

오르골 상자

상자 속에 갇힌 소리들이 음악이 되는 동안
누구는 또, 엄마가 되었고
누구는 건기의 나라에서 엽서를 보내온다
구름이 제멋대로 옮겨 다니며
뱉어내는 빗방울을 받아먹고
아이들은 시끌벅적 잘도 자란다

상자 속을 벗어난 음악이 구름이 되는 동안
누구는 두 번째 결혼식을 올리고
누구는 새 아파트의 주인이 되었다
바람은 시도 때도 없이 불어대고
창밖 풍경은 지루하기 짝이 없다

겨우겨우 핀 꽃들이 화르르 지는 봄날,
누군가의 부음을 모른 척 지나치고
누군가의 질문을 못 들은 척 외면했지만
저 구름과 바람이 감춘 멜로디를
누가 감히 무시할 수 있겠는가

\>

상자 속의 음악은 끝도 없이 흐른다
반복되는 구절을 흥얼거리며
나는 이제 겨우 조금 뒤척였을 뿐

그림자 밴드

등 뒤에서 또, 알 수 없는 음악이 흘러나오네. 뒤통수까지 올라온 음악은 똑같은 리듬을 끌고 당신 귓속을 들락거리지.

당신은 골똘해지네. 하긴, 등 뒤에서 결성된 밴드를 당신이 알 리 없지. 산발적으로 넘쳐나는 당신들, 그림자로 삐져나오는 모든 당신들이 이렇게 멋진 밴드가 되어 있다면 어떻게 믿겠어.

가로등 아래 서면 더 선명해지는 멤버들. 투명한 악기를 흔들어대며 다양한 체위의 연주법을 보여주지. 버전을 바꿔가며 부르는 노래, 꿈틀거리는 리듬 때문에 등 뒤는 쉼 없이 출렁대고 당신의 걸음걸이는 점점 발랄해지네. 혹, 마음에 들지 않는 멤버가 있다면 언제든 찢어버려. 그림자가 되기 위해 대기 중인 당신들은 이미 충분하니까.

하, 너덜너덜 우스운 밴드. 정신없이 자라고 제멋대로 노는 저것들. 랄라라, 당신이 흘린 당신들. 랄라라, 등 뒤로 줄줄 새 나오는 당신을 보는 건 언제나 즐거워.

제2부

야간 대합실

　유리문 밖, 유곽의 여자들이 모여 있다. 꾸부정한 달처럼 휘어지며 웃는 여자들. 낮게 내려앉은 구름이 얄궂게 엉켜 있다. 여자들의 담배 연기를 뜯어먹고 구름은 어둠 속에서 더 뚱뚱해진다.

　유리문 안쪽, 상한 과일처럼 잔뜩 웅크리고 잠든 사람들. 헐거워진 꿈자리를 누군가 툭, 차고 지나간다. 지금껏 한번도 관심 없었고, 너그럽지 않았던 바닥의 풍경들. 언제나처럼 모른 척 지나치고.

　거대한 무덤 속 같은, 순장당한 사람들의 몸짓만 우글거리는 이곳. 너무 많은 소리들로 넘쳐나서 아무 소리도 들리지 않는다. 길 위에, 가로수 위에, 낡은 여관 간판에 걸터앉은 어둠. 아마 새벽까지 내려오지 않을 것이다.

오늘 나는 아주 파랗죠

> *색은 나를 갖는다.*
> *색은 영원히 나를 가질 것이다.*
> *이것은 영원한 감각의 시간이다.*
> *나와 색은 하나가 되었다.*
> *— 화가 파울 클레*

오늘, 기분을 물었나요? 오우, 지금 난 아주 파랗거든요. 아침부터 계속 파란 상태죠. 그게 어떤 건지 설명까지 해야 하나요? 말 그대로 파랑이에요. 짐작해 보세요. 파랑이 뭔지. 그따위 질문이나 하는 당신은 내가 보기에 지독히도 빨갛군요. 며칠 동안이나 빨개지고 있었는지 당신조차 느끼지 못할 정도라니, 참.

인간은 언제나 색(色)에 잠식당하죠. 자신도 모르는 사이의 일이에요. 인간을 지배하는 건 셀 수도 없는 색깔이거든요. 이것은 영원한 감각의 시간이죠. 색은 나를 갖고 당신을 가져요. 어느 날 문득, 노랗거나 하얗게, 또는, 까맣게 된 당신을 발견하는 건 자연스런 일이죠.

파란 기분 말인가요. 나쁘진 않아요. 생각이 좀 많아져서 다른 곳에 집중할 수 없다는 정도. 그래서 당신을 빨강에게 뺏긴

것도 몰랐던 거죠. 진심으로 미안해요. 조만간 태양의 흑점 같은 색을 맛본 당신은 나의 파랑에 대해 시비를 걸겠죠. 그런 후에 나는 또 무슨 색으로 뒤덮일지, 당신은 내게서 얼마나 더 먼 색으로 달아날는지요.

조향사

냄새는 한시도 나를 가만히 두질 않아

어쩌다가 나는 내 코의 주인이 되었을까
쉼 없이 벌렁거리는 이따위 코를 소유하다니

전속력으로 덤벼드는 냄새들
뒤죽박죽 섞인 그것들을 기막히게 분리하고
놀라며 환호하는 사람들의 박수 세례를 받지만

이 직업은 나에게 형벌이네
하필, 이따위 코에 묶여서

냄새에 쫓기고, 좇고, 시달리고
냄새를 버무리고, 찢고, 가두고

도저히 모른 척 지나칠 수 없네
오늘도, 나를 따라 다니는 냄새들
아니, 나를 끌고 다니는 내 코를

자정의 결혼*

영 시 혹은, 열두 시
어둠의 커튼을 젖히고 걸어나오는 두 사람

꽃들은 마지못해 봉오리를 터뜨리고
사람들은 어쩔 수 없이 박수를 친다

자장가처럼 느릿느릿 울려 퍼지는 웨딩마치
레드 카펫은 터무니없이 길고
한밤의 만찬은 더욱 길겠지

일제히 한 방향으로 고정된 낯선 뒤통수들
몇 분간의 형식적인 중얼거림이 끝난 후 젖혀야 할
어둠의 커튼은 점점 두꺼워지는데

영 시, 혹은 열두 시에 고정된 나를 지나
지독히도 우아하게 행진하는 두 사람

---

*르네 마그리트의 그림 제목. (1926, 캔버스에 유채, 139.5×105.5cm)

그림자 보관함

 지하역 보관함을 열흘 동안 빌렸지. 한쪽 귀 떼어주고 열쇠 하나 받았어. 귀 하나만 달고 다니는 것도 개성인 시대니까.

 그림자는 돌돌 말기 참 좋아. 발끝에서부터 천천히 말아서 보관함에 쑤셔 넣었지. 그림자가 거추장스럽단 생각은 처음 해봐. 시커먼 내 분신 따위엔 누구도 관심 없고. 다만 난, 그림자의 미행 없이 간섭 없이 자유롭고 싶을 뿐.

 자의식 강한 그림자 때문에 함부로 죽을 수도 없을 것 같았지. 열흘이면 나는 어디든 갈 수 있고, 무엇이든 할 수 있을 거야. 설마 그림자가 없다거나 하나밖에 없는 귀 때문에 불심검문이야 받겠어?

 단지, 햇빛 가득한 곳이면 만족해. 그림자에게 끌려다니는 사람들 사이로 나풀나풀 돌아다녀 봐야지. 나의 개성에 관해 쑥덕댈 사람들도 필요해. 한쪽 귀만으로도 어떤 소문이든 충분히 들을 수 있고

홀가분하게 여기저기 기웃댈 수 있겠지. 텅 빈 등 뒤의 일은 모른 척하면 그만이고. 근데, 열흘을 넘기면 보관함 속 내 그림자는 어떻게 되는 걸까. 맡겨놓은 한쪽 귀는? 그림자가 나를 버리고 영 안 올지도 모르는데. 그럼, 나는 명백히 죽어질까.

사이

당신이 사거리에서 멈칫, 하는 순간에도
바로콜로라도의 어떤 열대 나무는
햇빛을 좇아서 걸어다닌다지
1년에 5cm도 안 되는 거리를

당신이 사거리에서 생각에 잠기느라
몇 번의 신호를 놓치는 동안에도
야금야금 움직이는 워킹 팜*

워킹 팜은 한 번도 멈춘 적 없지
우리는 한 번도 그 걸음을 본 적 없고
저 따위 햇빛은 순식간에 사라져버리는 것이지만

사거리 이쪽에서 나는
당신의 망설임을 바라보고 있지
안간힘 다해 햇빛을 좇아가는
바로콜로라도의 열대 나무보다 더 느린
당신의 움직임을

\>

오후 내내,
사거리의 신호는 나와 무관하게 깜박이고

먼 나라의 섬에서는 당신과 무관하게 걸어다니는 나무가 있지

＊파나마운하를 만들면서 생긴 섬인 바로콜로라도에 있는 나무. 경쟁이 심한 열대림에서 햇볕을 찾아 1년에 4cm 정도씩 이동한다고 한다.

접시들

접시들은 깨어지기 위해서 존재하지
내일이나 모레쯤 토해낼 외마디 비명을
접시들은 동글동글한 과일 아래서
부지런히 연습 중이거든
완벽한 동그라미들은 어쩐지 불안해

굴러가면서도 익어가는 사과와 귤
굴러가는 것을 쳐다보지 않고는 이어가기 힘든
이야기가 있지

먼 나라의 지하 갱도에서 빙글빙글 웃으며
구출되는 광부들의 지루한 행렬보다
지기를 바라던 팀이 이겨버린 게임,
홈런볼은 도대체 공중에서 몇 바퀴나 구르나가
더 중요한

해와 달이 동시에 떠버린 오후
엄마, 하늘에 정말 멋진 심벌즈가 있어

뜨겁고 차가운 저 소리 좀 들어볼래?
네 살 딸아이의 발랄한 목소리는
기어이 깨어지는 접시 한 장 같은 것

데굴데굴 우아한 몸짓을 최대한 긴 수식어로
표현해본다 구석을 향해가는 빨갛고 노란 과일,
쫓아가는 너무나 많은 손가락들
마치 이 순간을 기다렸다는 듯

조금 일찍 깨져버리는 접시
간신히 깨어지는 접시
끝끝내 깨지고 마는 접시
차례를 지키는 건 아니지만
접시들은 언젠가 모두 깨어지기 마련

깨어지는 것들의 자의식은
참으로 아름답지

낯설고 익숙한 이야기

초식동물이 모두 순한 건 아니지만
독재자들은 모두 말이 참, 많기도 하구나

코끼리가 사람을 삼키는 의외의 속도처럼
먼 나라에서 죽어가는 시위자들의 숫자가 놀랍다

한쪽 팔을 하마에게 빼앗겼다는 남자의 경험담을
입 쩍, 벌리고 들었을 때의 어이없는 기분 같은

하마와 코끼리는 초식동물 치고
너무 크고 무겁고, 또 영리하다
독재자들은 숨어 지내기에
지독히도 말이 많고 시끄럽다

코끼리나 하마는 본 적도 없고
시위 따위 해보지도 못했는데
죽어버린 사람들도 많겠지
독재자가 아닌데도 수다스러운 누군가처럼

\>

중얼중얼 이유도 없이 부푸는 구름
그리고 때마침 불어주는 바람

잘려나간 머리카락이 궁금해지는
순간도 다 있네
흩날릴 것 없다는 건
과연 홀가분한 일일까

먼 나라에서 몇백 명씩 죽어나가든 말든

오늘따라 커피 맛은
기가 막히게 좋은데

생선가게가 있는 골목

 이 골목에서는 고양이를 쫓아다니는 고래라든가, 고래를 끌고 다니는 고양이 떼를 심심찮게 볼 수 있답니다. 노랑 털이 수북한 고래, 지느러미를 팔랑거리는 고양이 따위는 흔하디흔해요.

 해질 무렵, 골목을 지나가는 장바구니 속은 매운탕거리로 담긴 고양이 떼의 뻐끔거림과 애완용 고래의 야옹대는 허밍 때문에 소란스럽죠. 솔직히 고래와 고양이가 무슨 상관이 있겠어요.

 고래가 한입에 삼켰을 생선들은 골목 끝 좌판 위에서 꽁꽁 얼어가고, 얼어버린 비린내를 문 고양이들이 도망 다니느라 정신없을 뿐.

 고양이, 고래, 고양이, 고래, 고양이, 고래, 고양이, 고래……

 허밍하듯 중얼거리다 보면 난데없이 고래 떼가 나타나 골목을 어슬렁거리긴 하죠. 그 광경을 입 쩍, 벌리고 바라보는 소심한 고양이들에게선 생선들이 줄줄이 쏟아져나올 테고요. 반짝

거리는 비늘 때문에 눈은 좀 부시겠지만요. 명심해요, 이것도 흔하디흔한 이 골목 풍경이니까요.

기념일

오늘은 꽤나 로맨틱한 휴일이네요. 우리의 다섯 번째 기념일이거든요. 늘 그렇듯 우아하고 품위 있게 와인 한 잔, 선물, 그리고 길고 긴 키스…….

이 시간이면, 아무렇지도 않게 구름은 체위를 바꾸며 흘러가고 거리는 어김없이 비열해지기 시작합니다. 오늘은 또 누군가의 열두 번째, 스무 번째, 기념일이니까요. 꽉 끼는 드레스를 입고, 질긴 스테이크를 자르고, 허겁지겁 케이크를 삼키고 나면 딱히 할 일이 없겠죠.

다시 구름이 체위를 바꾸네요. 음, 저 포즈는 좀 어려운 거죠. 하지만 누군가는 저 구름을 흉내 내고 싶을 거예요. 이 거리의 끝에선 누구와도 가능한 일입니다. 단지 살짝 흘러가기만 해도.

내일은 종일 안개에 시달릴 거랬어요. 안개 속에서 못할 일이란 없거든요. 당신이 낯선 곳에서 히죽거릴 때, 그곳엔 안개를 뒤집어쓴 내가 있을 겁니다. 당신의 축축한 발자국이 나를 안내한 거죠. 그다음 날은 어쩌면 우리의 여섯 번째 기념일일지도

<u>모르고요.</u>

로맨틱한 휴일은 너무 길어서 탈이에요. 아무래도 이 와인은 당신의 혈액형을 가진 모양입니다. 아주 쏙, 마음에 드는 맛인걸요. 딱 한 잔만 더 하고, 끝도 없는 키스! 휴일은 정말 지독히도 로맨틱합니다.

라푼첼*

유쾌하고 발랄한 건 머리카락뿐이지
창 아래까지 우아하게 흩날리는 것들
심장에서 너무 먼 거리, 무어라 지껄이는지
도통 알 수는 없지만

세상은 비열하게도 아름답고
나를 떠나려는 머리카락들을 붙잡고 있느라
높은 곳에서 내려가는 법을 잊어버렸네

라푼첼,
라푼첼,
어서 네 머리를 내리렴

오늘도, 휘파람처럼 들려오는
창밖의 속삭임
기다렸다는 듯 신나게 투신하는
사랑하는 머리카락들

그저 놀라울 뿐이지
내 유일한 자의식
퍼펙트한 성감대
머리카락 따위가 만들어내는 이야기란

---

* 그림(Grimm) 형제의 동화 제목.

르네 마그리트풍의 화술

이것은 선인장 화분이다
둥글고 네모난 화분 두 개
보이지 않는가
신경질적인 가시들
들썩거리는 뿌리들
이것은 분명, 선인장 화분이다
도통 보이는 것이 아무것도 없다는 당신에게
나는 다시 말한다
이것은 틀림없는 선인장 화분이다
바람이 불 때마다 조금씩 옮겨가는 모래들
푹푹 빠지는 발을 들어 어떻게든 달아나려는 짐승들
사막의 기억을 가진 모든 것들이 담긴 공간
뚫어져라, 화분을 쳐다보며 당신에게 설명 중이다
이제 당신은 두 개의 화분을 거꾸로 흔들며 화를 내고 있다
아무리 흔들어도 모래 한 알 떨어지지 않는 둥글고 네모난 것
그래도, 이것은 선인장 화분이다
선인장 화분이었다, 가 아니라
지금도, 여전히, 선인장 화분이다

나는 사라진 선인장 가시에 찔린 손가락을 보여준다
방울방울 맺힌 핏자국
곧 붉은 선인장꽃이 필 징조다
이것은 비었던 적이 한 번도 없었다
언제나 변함없는, 선인장 화분이다

후일담

두 귀를 떼어 손바닥 위에 놓습니다. 귓속을 들락날락하는 소리의 꼬리를 지켜보는 겁니다. 소리의 색깔과 모양을요. 얼마나 흥미로운 일인지 짐작해봐요.

누군가는 대형 스피커를 전기톱으로 자르기도 했다는군요. 이상할 건 없죠. 잘린 소리들은 지금도 그의 무덤 속을 끊임없이 돌아다니고 있을 겁니다.

허공은 비좁은 곳이거든요. 온갖 소리들로 숨이 막힐 지경이죠. 그 모든 것을 볼 수 있으니 나는 불행한 사람입니다. 그래서 두 귀를 떼어버렸습니다. 다음에는 두 개씩이나 남아 있는 제 눈에 대해 말씀드리지요

제3부

욕조

 욕조는 식탐이 있어요 신경질적인 식욕을 과시하죠 당신은 단지 그런 욕조를 위해 밤마다 길고 긴 몸을 구겨넣어요 온몸이 입인 욕조 속으로 그저 가벼워지기 위해서

 욕조는 먹어치우죠 보이는 것이든 보이지 않는 것이든 욕조의 식탐은 무궁무진해요 욕조는 한없이 깊고 나는 종종 무언가를 잊거나 잃어버려요

 욕조 안의 시간은 길고 느려요 욕실 문밖에서 나는 당신을 언제부터 기다려왔던 걸까요 하품을 하는 것도 이젠 지겨워 죽겠고

 욕조의 식탐은 더 지겨워요

거울 도시
—데자뷰

낯설지 않군
오래전에 지나친 적 있어
나는 단지 사소한 냄새 때문에 걸음을 멈추네
알 듯 말 듯한 표정들이 힐끔거리고
건물과 건물들
골목과 골목
계단과 계단
가로수와 가로수가
불순한 자세로 서로를 비추는 동안,
도시는 순식간에 자라네
기억해봐, 이곳은 종일 낮이었어
찬란하게 부딪히던 빛들과 그림자뿐
나는 당신을 조금 전에도 만났지
당신은 이곳에 있지만,
저쪽 골목에서도 당신이 걸어가고 있고
어쩌면 저 건물 어디쯤에서 나 역시 나를
내려다볼지도 모를 일이지
도무지 낯설지 않아

틀림없이 오래전에 이 풍경 속에 있었어
당신과 내가 갸우뚱하는 사이,
모락모락 수은 냄새를 흘리며
재빨리 뚱뚱해지는 도시
저리도 깨지기 쉬운 얼굴들을 비춰가며

벨벳 상자

 오늘 배달된 상자는 제법 무겁군요. 토요일이면 어김없이 노크를 하는 택배맨. 습관처럼 서명을 하고 상자를 받아듭니다. 방안 가득 흐르는 벨벳 냄새. 한 번도 개봉한 적 없는 저것들. 이제는 세는 것도 포기했지요. 나의 무의식은 벨벳 상자들에게 끌려다니느라 지쳐 있습니다. 이미 벨벳 상자에게 단단히 둘러싸여 버렸습니다. 도대체 왜 내가 벨벳 상자 따위의 주인이 되어야 합니까. 누가 보냈는지도 모를 각기 다른 무게의 각기 다른 상자들. 뜯어볼 용기도 없으니 반품도 못할 것들. 상자 속을 상상하느라 밤을 새고, 모르는 사람과 포옹을 합니다. 상자가 내보내는 소리를 듣기 위해 두 귀를 떼놓고 외출합니다. 상자는 끊임없이 떠들고 칭얼댑니다. 방문을 열면 환하게 켜지는 벨벳들. 순간, 벨벳 옷을 걸친 내가 보입니다. *오늘 배달된 상자는 너무 컸어요. 찢고 나오느라 고생했죠.* 모처럼 문법적으로 떠드는 나를 봅니다. *다음 주에는 놀랄 만큼 커다란 선물을 배달해줘. 벨벳은 얼마든지 사줄 테니.* 온통 거울뿐인 방. 내 몸을 갈기갈기 찢어서 상자 속에 넣습니다. 근데, 어쩌죠? 가장 깊은 곳에 넣은 것이 뭔지 자꾸만 잊어요.

끝나지 않는 이야기

유유히 내일이 지나가면 어김없이 한 떼의 어제가 몰려온다. 낡은 무덤을 찢고 입속의 쌀을 퉤, 뱉으며 일어서는 사람들을 끌고.

산부인과마다 배부른 여자들이 두 다리 벌리고 드러누웠다. 사방팔방에서 기어오는 아기들. *내가 살던 자궁은 잘 있었나, 출렁대던 내 옛집은 안녕한가.* 웅얼거리며 여자들의 다리 속으로 기어든다. 산부인과 밖을 활보하는 아이들,이 되어가는 여자들. 어제는 저 자궁들처럼 텅텅, 비었다.

오동나무 관이 비좁아서 나는 썩지 못했다. 죽어서도 기억나는 것이 너무 많았다. 나를 갉아먹는 어제들. 분명 나는 내일의 기억들로 채워진 내일에서 온 사람인데.
  이 거리가 꽤 마음에 든다, 뒤로 걷는 사람들로 넘쳐나는 거리. 아기가 되어가는 속도는 유쾌하고도 엉뚱하다.

저만치 스물두 살의 배부른 엄마가 누워 있다. 내가 들어가기 알맞게 열린, 출렁이는 옛집 입구. 어제의 바닥을 향해 이제 나는 본격적으로 내려가볼 참인데,

5년 후의 고래

솔송나무들의 행진은 언제 봐도 경쾌해
강철구름을 찢으며 날아다니는 발드이글*,
산책길 어디서든 마주치는 고래들

알래스카의 여름은 혹등고래와의 염문으로
뜨거울 거야 출처를 모르는 소문은
대양을 거슬러 잘도 헤엄쳐 다니지
기꺼이 스캔들 메이커가 될래
알래스카에서라면 얼마든지!

하루 종일 태양과 노닥거리다가
새벽이면 선글라스를 끼고
편지를 쓸 거야 여전히
지글거리는 태양 아래서

소문의 속도와
편지가 달려가는 속도
과연 어느 쪽이 빠를까

>

5년 후라면,
나는 충분히 어슬렁거릴 수 있지
고래처럼, 백야의 구름처럼
지척의 빙하들처럼
바람처럼
바람처럼,

이봐, 불 좀 켜봐
5년 전의 나로 가득 찬 윤곽들 위로
쏟아지는 비, 어둡고 축축한 한낮의 티타임
어슬렁거리기엔 너무
참을성이 많고 소심해
문득, 지나가는 고래와 부딪쳐도
슬금슬금 잘도 비켜가니까

＊하얀 머리에 노란 부리, 갈색 깃털을 가진 독수리.

고요를 아는가

바로, 지금이다!
입을 있는 대로 벌리고
차곡차곡 모아뒀던 소리를
끄집어내어 보라
고요를 알게 되는 것은
순식간이다

기생충처럼 들러붙었던
소리들이 달아나는 순간,
먹먹한 귀가 날갯짓하는 그때
분명, 볼 수 있을 것이다
사방팔방 엉겨 있는
소리와 소리 사이,
우아한 몸짓과 표정을 가진
소리와 소리들

사람들의 시선을
이리도 쉽게 붙들 수 있다니!

당신은 18층에서부터 허공을 걸어내려왔다
일시에 멈춘 소리의 최후를 주시하면서

고요는 충분히 즐길 만했는가
끈적하고 긴 그림자가 즐비했던
유일하게 찬란했던 휴일

3월의 일요일들

기상 캐스터의 말은 신빙성이 없지
이런 나의 신념에도 문제가 있긴 마찬가지

파라솔 하나만 펼치면
멋진 과일가게가 차려지네
신장개업한 이웃 식당의
조명처럼 알록달록 예쁜 과일들

기상 캐스터는 오늘도 스카프를 묶고
긴 체크 코트를 입었네
저 구름의 속내를 알아채기에는
나의 재킷은 너무나 단순하지

파라솔 과일가게 아저씨는
언제나처럼 무심히 졸고 있네
진눈깨비가 덮쳐도 끄떡없을
견고한 자세와 복장

구름은 그저 멍하니
표정을 바꾸고
얼토당토않게 자리를 옮길 뿐

저 과일들을 채운 건 과연
달콤함뿐일까

맹목적인 이야기

첫 번째 식사를 오후 세 시에 마치고
여섯 번째 율마를 분갈이했다
까다로운 것들은 언제나 멋져 보인다
화초 따위, 다시는 키우지 않을 거라고
주워 담지도 못할 말을 구시렁대지만

다섯 번째 마시는 이 커피는
쓸데없는 허기를 잠재우는 데 그만이다
옆 아파트에서는 석 달 전 추락한 소년의
마지막 순간을 아직도 떠들어댄다
소년은 비명 소리가 끌고 내려오기에
꼭 알맞은 몸뚱이를 가졌을 테지
아, 15층은 참으로 순식간이구나

아래층에서 한 번만 더 올라오면
단단히 화가 난 마리안느를 선물해줘야겠다
때로 초록도 조심해야 할 필요가 있거든
길고 우아한 이파리가 품고 있는 독에 대해

어디 한번 이야기해볼까

두 번째 식사를 끝내면 놀랍게도 하루가 저문다
벨벳 커튼 밖 유리창을 두드리는 저 바람,
나의 백만 번째 방문객이라고 해두지, 뭐
놀란 율마가 부르르 떠는 사이
삐죽이 내미는 마리안느의 어린 순

사흘간의 불면에 대해서는 더 이상 말을 말자

그럴 수 있지

그럴 수 있지
2층에서 16층으로 이사하는 동안,
아버지는 폐암 환자가 되고
돌아가신 할머니 생신은 까맣게 잊고
동생은 뱃속의 아이를 잃고

그래, 그럴 수 있지
16층은 높지
암세포는 찬란하게 화알짝,
할머니의 봉분은 아직도 붉고
불안한 태몽은 놀라운 스토리를 가졌지

사다리는 길고 탄력적이네
아슬아슬 휙, 휙 잘도 올라가는 살림살이들
화분 하나쯤 깰 수도 있지만
아버지의 폐는 꽃밭이 아니네

그렇지, 그럴 수 있지,

우리는 몇 년 동안 살아갈 집을 얻었고
암세포는 기어이 아버지의 몸을 떠났지
주렁주렁 매달린 링거 병이 아름다울 수도 있네
동생의 자궁은 언제든 부풀어오를 수 있고
할머니의 봉분처럼 둥글게 둥글게

16층은 참 사연도 많지
안개 걷힌 아침, 도대체 얼마 만이야

캄보디아, 캄보디아

거꾸로 묶인 돼지를 싣고 오토바이가 지나갑니다
붉은 드레스를 입은 신부는 사원에서 종일 결혼사진을 찍고요
테라스에서 햇볕을 쬐던 코끼리들은 서서히 돌이 되어갑니다
망고 주스가 되기 위해 망고들은 허둥지둥 익어가고

눈을 감거나, 뜨거나
모든 곳이 캄보디아입니다

한쪽 다리는 거추장스러워 떼어버렸다지요
한쪽 팔도 영 거추장스러워서 말이지요
다리 하나와 팔 하나만 있어도 악사가 되기엔 충분하니까요
땡그랑, 동전 소리가 참 경쾌하군요

왜 이 시간에 학교에 안 갔니, 따위의 질문은 너무 따분해요
흔해 빠진 여행지에서 좀 더 신선한 질문 좀 던질 수 없나요
앙코르 비어 한 캔에 1달러예요

아마 오 년 후면 한국으로 시집갈 수 있을 거예요

건기 아니면, 우기
정말 너무 단순하지 않나요?

흑단나무의 식성도 참 못 말리겠어요
침처럼 끈적끈적 흘러내리는 뿌리들이라니,

5년 전에도
5년 후에도
돌이 되기 위해 안간힘을 쓰는
테라스의 코끼리들
함께 사진 찍었던 신혼부부 따윈 잊었을 테고

눈을 감거나 뜨거나
짠, 하고 나타나는 캄보디아

수백 년 동안 사원을 삼키는 중인 흑단나무처럼
거꾸로 묶인 돼지처럼
허둥지둥 익어가는 망고처럼

외다리, 외팔 악사처럼
맥주 파는 소녀처럼
캄보디아거나, 아니거나
사방은 온통 건기의 풍경들

구름은 부푼다

 곧 함박눈이 쏟아질 거예요. 구름은 멀리서부터 조금씩 무거워지면서 흘러왔어요. 묵직한 구름 아래서 몇 장의 초음파 사진을 들여다봐요. 안녕, 아가야. 꼭 둥실둥실 구름 같구나. 잠시 후면 함박눈이 쏟아질 거란다.

 얼마 전부터 피아노를 배우기 시작했어요. 검은 건반, 흰 건반 두드릴 때마다 부풀어오르는 둥근 배. 건반 위에서 허둥대는 내 것을 닮은 손가락도 오늘 처음 세어보았어요. 딩동딩동 피아노 소리가 구름까지 퍼질 것 같았죠. 어쨌거나, 오늘은 제법 많은 눈이 내릴 거예요. 딩동딩동, 허공계단을 건반처럼 딛고서요.

 잔뜩 부푼 눈구름 아래 조심조심 지나가는 시간들. 생각하면 나도 한 덩이 구름이네요. 예정된 시간을 향해 천천히 부풀어가는 구름 말예요.

내 눈물 속에서 탱고를

처음 보는 물고기들이 눈앞을 지나가는군요. 이상할 건 없습니다. 실컷 울고 난 저녁이니까요. 내 안에 있을 땐 분명 내 것이었던 눈물들. 하지만 몰랐어요. 이렇게 많은 물고기들까지 쏟아져나올 줄은. 취향 참 독특한가 봐요, 내 눈물 따위에 갇혀 살다니.

좀 전까지 펑펑 울어댔던 일은 까맣게 잊고 하늘하늘, 뻐끔뻐끔, 지나가는 물고기들을 봅니다. 때마침 흘러나오는 탱고 음악. 햐, 놀랍도록 작위적이네요. 탱고! 한 번도 배워본 적 없는 이국의 춤. 근데 어째서 내 팔다리는 이리도 리드미컬한 걸까요? 지느러미처럼 우아하게 우아하게.

밤새 물고기들은 달빛을 물고 기막힌 턴을 해댑니다. 내 스텝은 달빛만큼이나 가볍고요. 테라스는 다행히 멀리 있군요. 그저 탱고 음악이 한 곡 흘렀을 뿐인데 나는 내 눈물 속에서 실컷 환해졌습니다.

제4부

달팽이의 노래

때로는 돌아눕고 싶었네. 먼저 달아난 마음이 자꾸만 뒤돌아보며 어서 오라 재촉할 때, 두 손바닥 위를 오래 흐르던 강물이 제 몸 접고 얼어버렸을 때. 밤은 밤을 부르고, 밤이 밤을 낳고. 그렇게 끝도 없는 어둠 속을,

긴 여행 떠나는 철새 행렬이 우수수 쏟아놓은 그림자 떼.

길은 낙타처럼 쓸쓸히 늙어가고.

먼 산 바위의 등에는 배고픈 새들이 집 짓고 사네.

나는 또,

내가 만든 벽 속으로 등 돌려 숨고.

얼음 케이크

어쨌든,
나도 이 파티에 초대받은 손님이지
누군가의 생일임에는 틀림없지만
아무도 그가 누구인지는 모르고
이야기 속에서 그는 점점 부풀어가네

희한한 일이네, 파티장이 이렇게 고요할 수 있다니
먹기 위해 온 것처럼 사람들은 허겁지겁
접시만 비워대네 먹는 것 말고는 할 일을 잊은 것처럼

요리사들은 묵묵히 요리를 해대고
종업원들은 기계적으로 접시를 나르고
눈이라도 마주치면 사람들은 그저
어색하게 악수를 나누지
그것 말고는 딱히, 할 일이 없는 것처럼

아무튼,
나도 이 파티에 초대받았지 사흘째 계속되는

지루한 파티 누군가의 생일이었는지도 잊고
먹기만 하는 사람들, 속에서 더부룩한 배를 쓰다듬으며

아무도 손대지 않는 케이크를 올려다보네
군데군데 박혀 있는 치아들이
녹슬어가고 있는 거대한 케이크
뚝, 뚝, 붉은 물을 떨어뜨리며 기고만장 서 있는
저기 저 얼음 케이크가 다 녹을 때까지
파티는 멈출 듯 말 듯 계속되겠지

그저 그런 이야기

이십 년 전엔 당신도 소녀라고 불리었겠지
우습네 소녀라니,
서둘러 투표를 하고 어른이 되었지만
여전히 당신은 소녀처럼 웃고
살짝, 머리칼을 넘기지

사알짝,
당신의 귀 뒤로 머리칼이 넘어가는 순간
소녀에서 달려나온 당신들이
우왕좌왕 흩어지네
단지 투표일이라는 이유로
센티멘털해지는 당신

왜 당신의 연애는 투표일이면 마감되는 걸까
내 궁금증은 오직 그것뿐
줄기차게 이어지는 당신의 연애사쯤
이제 다 외울 지경이지

당신의 오른손 검지와 중지에서
비틀비틀 피어오르는 담배 연기
개표 방송도 지루해질 무렵
텅 빈 술병들처럼
바닥나버린 이야기
마흔 가까운 실연녀의 울음은
뭐랄까, 놀랍도록 기이해

새벽 두 시는 모든 유권자에게 공평하지
또다시 돌아오는 잔인한 투표일처럼
내가 찍은 후보는 끝내 대통령이 못될 것이고
당신은
이십 년 후에도 소녀라고 우기며
흐흐흐, 지겹도록 울어대겠지
당신의 연애는 왜 하필, 투표일에,

내가 아기를 재우는 일에 골몰하는 동안

내가 아기를 재우는 일에 골몰하는 동안
먼 나라의 오후는 시위대로 들끓기 시작하고
임기 말의 대통령은 보란 듯이 국경을 넘어간다
창밖에는 무서운 집중력으로 물들어가는 나무들

누군가는 애인에게 스무 번째 거짓말을 지껄이고
지하철은 뒤뚱뒤뚱 한강을 지나는 중
금요일, 수요일, 일요일에도 거의 똑같은 시간에

내 아기가 잠드느라 끙끙대는 동안,
우아한 곡선을 그리며 날아가는 야구공
야구장은 소음 때문에 어김없이 고요해진다
참, 이틀 전엔 할아버지의 아흔 번째 생신이었지

나는 단지 다섯 번째 자장가를 부르는 중이었는데
어딘가에선 세 번째 결혼 서약을 하는 여자들과 남자들
새엄마, 새아빠, 중얼거리는 아이들의 무감한 표정
K의 아홉 번째 이사는 일사천리로 진행되고

\>

매 시간마다 뉴스거리는 풍성하며
앵커우먼의 목소리는 지칠 줄 모른다
순간 같고 영원 같은 시간의 중심에서
그저 나는 내 아기의 잠을 부르는 일에 몰두하고 싶을 뿐이고

흰긴수염고래야, 부탁해

엄마 말 안 들으면
흰긴수염고래 데려온다!*
엄마들의 협박은 언제나
휘황찬란하다
흰긴수염고래라니!
누군가의 소유가 되기엔
지나치게 크고 아름답지 않은가

세밑에 내리는 눈발이
꼭 고래 등에서 뿜어져나오는 것 같다
한입에 덥석 삼킨 바닷물들이
펑펑 눈이 되어 날린다
이곳저곳 골고루 공평하게 쌓이는 눈

모르긴 몰라도 지구상에 현존하는
가장 큰 동물 흰긴수염고래는
크릴새우만 먹고 사는데도
놀랍도록 거대해진다

>

그저 커가는 게 일인 것처럼
부지런히 바다 속을 채워가는 족속들

잔소리 퍼부어댈 엄마조차 없는 아이에게
흰긴수염고래 한 마리 선물하고픈 날이다
애완용으로 키우는 동물이 고래라면
아이는 아마 한동안 제대로 으스댈 수 있을 것이다
우스꽝스런 점퍼 따위는 입지 않아도 되겠지

---

*맥 바네트(글), 애덤 렉스(그림)의 그림책 제목.

후박나무는 키가 크다

한 번쯤은 이렇게 내려다보고 싶었어
대수롭지 않게 높은 곳에서
대수롭지 않은 풍경을 감상하듯
너의 전망을 훑어보고 싶었지

목 아프게 올려다보던 후박나무처럼
순식간에 체위를 바꿔대던 구름 떼처럼
내려다보는 기분은
과연 식상하군, 중얼대면서 말이야

다리를 꼬고
살짝 고개를 기울이며
별것 아니네 하는 표정

일주일 내내 비가 내리고,
먼 바다에서 여객기가 추락하고
가본 적 없는 나라에서
우수수 사람들이 죽어나가도

한결같이 그래그래, *끄덕끄덕*

몇 년째 그대로 스물다섯 살인
너를 내려다보며
모르는 척
그저 아닌 척
후박나무보다 더 높은 데 사는
기분이나 설명해줘야지

창 하나를 사이에 두고
다른 질감,
다른 속도,
다른 부피로 넘실대는 시간

질질질,
좁은 길을 끌고
숲으로 들어가는 바람의 한숨은
어찌 이리도 생생한 걸까

미끼

오갈 데 없는 바람과 물소리와

더 이상 숨어 있기도 지친 나무들이 모인 곳

포물선이 그려졌다 지워졌다

사연 많은 손금들처럼 획, 획

고여 있는 것들은 무심한 듯 유연하다

갑자기 쏟아지는 그림자의 주인은

뒷모습뿐인 새, 새, 새 떼들

햐!

붕어 한 마리 사람을 낚았다

낚싯줄 입에 물고 사람을 당긴다

그가 질질 끌려간다

강물도 따라 끌려간다

태양이 소용돌이치며 빨려든다

물결이 발버둥친다

구름이 사정없이 찢긴다

어제의 것인 듯,

내일의 것인 듯,

어지러운 풍경들

진화(進化)가 궁금한 여섯 살 딸에게

머언 옛날,
가장 먼저 바다를 박차고 나왔던
물고기의 감정에 대해,
지느러미가 발이 되도록
스스로를 힘차게 밀고 다녔을
맨 처음 물고기,
두 번째 물고기,
그다음 물고기들에 대해
어디 한번 말해볼까

죽어서도 온몸으로 썼던 이야기
수십억 년 전의 언어들을 찾아서
우리 함께 찬찬히 읽어볼까
읽을수록 뼛속까지 간지러워지는
이상야릇한 기분에 대해서도

거짓말처럼 흘러가버린 시간은
결코 사라지지 않고

어딘가에 차곡차곡 쌓여 있지.
인류학자, 고고학자, 지질학자처럼
놀아볼까
은행나무의 시간이 궁금하다면
그렇지, 그렇게 건드려보면 돼
와르르 쏟아지는 노란 대답들!
그래그래, 웃으니까 정말 좋구나

엄마, 엄마!
내 구름모자가 너무 무거워져서
곧 비가 쏟아질 것 같아,
      마음창고에 먼지가 쌓였어!
여섯 살의 진화하는 화법에 대응하는
엄마의 진화 속도에 대해서는
천천히 고민해보도록 하자

열흘, 그리고 열흘

분명, 열흘 전에는 가을이었다
단풍잎들이 시끌벅적 찬란했다
한 시간 거리 병원에 가면서
커다란 선글라스를 걸쳤다
가을 햇빛치고는 뜨거웠던 날

병상에 누워 계시던 할머니께서
놀다 가라고 하셨다
놀다, 가……
한없이 쪼글쪼글한 목소리
가느다란 손목에 달려 있던 손가락들,
손톱 끝 봉숭아 꽃물이 진했다
손가락의 주인은 따로 있는 듯 차가웠다
유리창 한 켠에 번져가던 노을빛이
내 손톱 끝에도 묻었었던가

어쨌든 가을이었다
두 돌 앞둔 둘째 녀석 몇 마디 말 늘었고

첫째 녀석은 꿈이 또 바뀌었다
기다렸던 유치원 운동회에서
운동장 몇 바퀴를 빙글빙글 도는 동안
이 나무 저 나무에서
낙엽이 쏟아졌고, 흩날렸고,
때마침 전화가 왔다 그리고,
순식간에 계절이 바뀌었다

구름의 행보는 언제나 예측불가여서 마음에 든다
길고 긴 장례 행렬
일렬로 서서 휘청대는 나무에서
빠져나오는 그늘은 얇디얇지만
묘비가 너무나 반들반들해서
음복주 맛이 좋구나
덩달아 안주 맛도 참, 좋다
한 잔,
두 잔 받아 마시는 동안
또 열흘을 가뿐히 건너뛸 것만 같다

특별할 것 없는 이야기

생일 축하해요,
오래전의 그가 말했다
아무 날도 아닐 뻔한 어느 아침
고마워, 라는 말은 그냥
뜻 없는 인사 같은 것

겨우 핀 봄꽃들 위로
사흘째 잠깐씩 눈발이 날린다
분명, 이상한 풍경인데
하나도 어색하지가 않다
다 그런 거지 뭐,
한마디만 던졌을 뿐인데도
다들 고개를 끄덕인다

생일 축하해요,
그의 말 한마디에
지리멸렬한 시간들이 산뜻해졌다
아무렴 어때, 생일이 뭐 별거야

케이크 값이 아깝지 않기도 처음

구름의 군무는 지겹고 지루했다
언제까지 저 눈발을 보며
안부 전화를 드려야 하는 걸까

이 계절에 잘못 내린 눈처럼
끝없이 의심받는 달력처럼
어딘지 불안한 뉴스처럼
또다시 암 환자가 되어버린 아빠

아빠, 저는 오늘도 안녕해요
언제든 생일일 수 있고
케이크는 어디서든 살 수 있거든요
아빠, 거기선 벚꽃잎이 눈처럼 날리나요
여기는 진짜 눈이 와요
그래도 봄은, 봄이에요
아마 그럴 거예요

알래스카에서 스무 살 생일파티를 할까
—호시노 미치오*의 사진을 좋아하는 일곱 살 딸에게

한여름 밤, 자정의 태양 아래
야간 비행을 하는 거야
환한 밤하늘에서 내려다보는
북극의 바다에선
흑고래 떼가 유유히 지나쳐가겠지

길고 긴 겨울,
잠깐의 봄, 그리고 드디어 여름
야생 크로커스를 뚫어져라 쳐다볼 수 있지
한 송이, 두 송이, 세 송이의
크로커스처럼 활짝,
네 온몸도 보랏빛이 될 때까지!

미크픽 강으로 가보는 건 어때
끝도 없는 연어 떼, 흰머리독수리들
그래 맞아, 커다란 곰들도 만날 수 있어
곰아! 하고 큰소리로 부르면
본척만척 흘깃대며 연어 사냥만 하겠지

곰아, 안녕! 마음껏 인사를 해도 될 거야
미크픽 강 물소리가 네 모습쯤은 가려주겠지

네가 스무 살이 될 때까지
알래스카의 여름은 없을 거야, 틀림없어
그때까지 알래스카는 그저 멀고 추운 곳
꼿꼿이 선 채 늙어가는 토템 기둥처럼
묵묵히 흘러가는 땅일 뿐
걱정 마, 네가 스무 살이 되면
비로소 알래스카의 가장 멋진 여름이 시작되는 거야

---

*일본의 자연사진작가. 10대 후반 처음 알래스카로 떠난 이래 20여 년간 알래스카의 자연을 사진에 담아냈다.

끝없는 사슬*

떨어질 나뭇잎은
어쩌자고 다시 생겨나는가
헛소문처럼 부푸는 열매들
언젠가 닿아야 할 곳인 줄 알면서도
왜 그토록 흙에서
멀어지려 발버둥쳤던가
결국에는 묵직해지고 마는 구름들
사흘 후면 당신은 과묵한 익사체
흔들의자가 할 일은 그저 흔들흔들
앞으로 뒤로 움직여주는 것
당신의 흔들의자를 먼발치에서
사흘 동안 지켜보는 것은
과연,

서녘 하늘 언저리
입었던 옷 죄다 벗어던지는 저 붉은 것
다시 돌아올 길을 어찌하여
알몸으로 떠난다는 것인가

---

*르네 마그리트의 그림(1939년) 제목.

해설

칸나의 알래스카

황성희(시인)

> 당신은 지금 어느 오후를 지난다
> 한없이 익숙하고 권태로운 시간
> 칸나의 붉은 표정과 마주치는 중이다
> 비명 한마디 없이
> 세상에 우리가 모르는 얼굴이 있었던가
> 저마다 붉게 타오르는 얼굴을 하고
> 안녕, 칸나!
> 내일 또 만나, 칸나!
> 태양 아래 유유히
> 집으로 돌아간다

시인에게 현실이란 무엇인가.

시가 일어나는 곳. 시를 발견하는 곳. 시를 만들어내는 곳이다. 믿지도, 믿지 않을 수도 없는 곳이다. 현실 속에서 나고 자랐지만 시작도 끝도 알 수 없는 현실은 꿈같은 존재의 투명한 놀이터다. 물 위에 써보는 글씨*와도 같다. 기억은 있으되 흔적은 남지 않는다.

시는 시인(존재)이 현실과 맺는 관계다. 관계의 형상이다. 시인이 현실과 어떤 관계를 맺느냐, 어떤 관계를 목적하느냐에 따

---

*최승자의 시집 제목 『물 위에 쓰여진』에서 따옴.

라 시의 내용과 형식은 달라진다. 물론 그것은 온전히 시인의 선택이다. 또한 '나'라는 존재가 현실과 맺는 관계를 관찰하는 것은 시인의 고유한, 태생적 임무이다.

『태양중독자』이후 9년 만에 선보이는 이번 시집에서 이은림은 중독자가 아닌 관찰자가 되어 태양 앞에 나선다. 현실 속에서 마주친 인물과 사건, 사물을 시 안에 재구성하는 과정을 통해 다름 아닌 현실 속의 '나'를 본다. 그들에게 투사된 '나'를 읽는다. 이은림에게 현실이라는 시공간은 '나'를 인식케 하는 매개체이며, '나'의 몸 밖에 있는 또 하나의 눈이다. '나'를 통해 현실을 보고, 현실을 통해 '나'를 본다. 이러한 과정을 거쳐 시인의 본성은 자연스레 관찰 대상에게 투사된다. 이 감정의 전이는 자연스럽고 소박하며 차분하고 조용하다. 그것은 오랜 시간 천천히, 바오밥나무처럼 제 몸 안에 현실을 쌓아가는 시인만의 존재 방법이기도 하다.

첫 번째 시, 「칸나」를 보자.

오후를 지나는 중인가요? 기다란 목덜미가 여유롭군요. 이 시간이면, 어김없이 우리의 시선이 마주치죠. 당신은 그저 나의 남쪽 창을 지나치는 중이었을 텐데요.

당신의 붉은 표정과 마주하지 않으면 내게 저녁은 오지 않아요. 어두워져도 그건 밤이 아니죠. 당신이 없는 검은 여백일 뿐.

남쪽 창은 줄곧 열려 있어요. 오후를 배회하는 일은 즐겁나요? 이상하게 창밖에서 자꾸 꽃잎 타는 냄새가 나요.
— 「칸나」 전문

우연히 눈을 돌린 자리에 있는 칸나. 칸나가 피어 있는 것이 이상할 리는 없다. 칸나를 지켜보는 '나'의 존재나 '어느 오후' 또한 이상하지 않기는 마찬가지다. 그것은 대대로 계속되어온 시간(어느 오후)과 존재('나')와 현실(지금 여기)이 만들어내는 사건(칸나를 봄)일 뿐이다. 그러나 우리는 알고 있을까. 칸나와 마주치는 건 칸나를 보는 나와 마주치는 것이며, 칸나의 꽃잎 타는 냄새는 태양 아래 '내'가 시시각각 타들어가는 냄새라는 걸.

이제 '나'는 칸나의 얼굴을 하고 "바오밥 거리"(「일요일은 흘러서 어디로 가나」)에 선다. 화자는 바오밥나무 앞에서 변장술의 대가인 한 도마뱀을 떠올린다. 몇천 년 동안 바오밥나무 안에 갇힌 시간들은 바오밥나무 그 자체다. "죽을힘을 다해 죽지 않으려 애쓰면서/최대한 바오밥스럽게/늙어"가는 바오밥나무와 한순간에 다른 존재인 양 위장을 하는 사탄나뭇잎꼬리도마뱀.

서로 다른 삶의 방식을 지닌 듯 보이는 이 둘은 시간의 한 얼굴이다. 일요일은 바오밥나무 속으로 천천히 흘러가고 그 일요일에 사탄나뭇잎꼬리도마뱀은 수십 번의 변신을 한다. 그것이 바오밥 거리에서 일어나는 일이다. 그리고 화사는 그 거리를 거닌다. 또 하나의 바오밥나무가 되어 차곡차곡 몸속에 일요일을 쌓는다. 죽을힘을 다해 죽지 않으려 애쓰며 늙어간다. 슬픔은 그 '애씀'과 '늙어감'의 사이 어디쯤 담담하게 있다.

일상의 사건과 사물을 통해 시인은 자신을 들여다본다. 바오밥나무에서도 사탄나뭇잎꼬리도마뱀에서도 시인은 자신의 얼굴을 읽어낸다. 그것은 교감이기도 하고 때로는 전이와 역전이의 양상을 띠기도 한다.

이은림의 현실은 지나치게 언어화되어 있지 않고 난해한 상징을 통해 은폐되어 있지도 않다. 그러나 자연스러운 시적 국면과 단정하고 반듯한 어투는 오히려 이 세계의 비현실성을 환기시킨다. 시적 효과는 이렇듯 의외의 곳에서 발생한다.

사탄나뭇잎꼬리도마뱀의 위장술이 일어나는 시간은 "오후 세 시"(「오후 세 시」)가 어떨까. 이 세계의 분명한 오후. 시곗바늘이 정확히 가리키는 시간. 이미 위장한, 앞으로도 위장할 사람들이 산책길로 변한 공원묘지를 단란하게 떠돈다. 그 순간에도 흐르고 있는 현재. 죽음 사이로 당연한 듯 흐르는 삶. 사탄나뭇잎꼬리도마뱀의 가장 마지막 위장술은 아마도 죽음이 아닐까. 유모차 속 아이에게 둥글게 부푼 봉분들은 마냥 신기한 풍경일 뿐이지만.

생에 대한 무지는 타고나는 것이다. 생에 대한 무지가 앎으로 옮겨가면서 슬픔은 생겨난다. 깨달음에는 시간 앞에 무기력

한 존재의 슬픔이 곁들여질 수밖에 없는 것이다. 그것은 시적 화자인 내가 "꽃을 떨구고/사막으로 돌아갈 때까지 계속될"(「바람의 신부」) 슬픔이다. "75년의 시간"이 하룻밤 사이 "꼬깃꼬깃 접혀 있던 꽃을 토해내고"는 "가시투성이 몸으로 돌아가"야만 멈춰질 슬픔이다.

모든 것은 삶과 죽음 사이에서 벌어지고 일어난다. 칸나로부터 시작된 존재의 인식은, 꽃잎이 타는 냄새는, 삶과 죽음 사이에서 변주된다. 시인은 유한 존재로서 현실 속 사물과 사건을 통해 존재와 삶의 속성을 발견한다.

이런 시인에게 알래스카는 자신을 드러내는 또 다른 현실이다. 그곳은 실재하지만 마치 실재하지 않는 이상향처럼 시 곳곳에서 그려진다. 그러나 알래스카 역시 시인이 원하는 진정한 이상향은 아니지 않을까. 그곳에서도 '나'는 '나'이기 때문이다. 존재를 해결할 수 있는 곳은 어디에도 없다. 태양은 어디에서나 "지겹도록 두 눈 부릅뜨고"(「한밤중의 태양」) 있고 "나는 태양의 창살에 갇혀 있"을 수밖에 없다. 반복되는 일상 속에 우리가 익히 알고 있는 삶이 있다. 그뿐이다. 믿지 않을 수가 없어서 믿고 있을 뿐이다.

> 빨간 버스, 초록 버스
> 번갈아 지나다니지만
> 타야 할 버스는 지독히도 오지 않네

긴 봄부터 기다리던 버스가
갑자기 당도한 여름에 우리 앞에 멈추고
그저 묵묵히 바퀴를 굴려댄다
앞바퀴 뒷바퀴 천천히, 혹은 빨리

굴러가는 바퀴는 굴러가는 게 전부인 것처럼
한없이 구르다가는 멈추고,
뙤약볕 아래서도 무조건 다시 굴러가고

한 번의 신호 정도는 무시하고 달려간다
엄마, 버스 운전은 비둘기에게 맡기는 거 아니지?
아이의 작은 손가락이 가리키는 것은
교각 아래 줄지어 앉아 있는 한 떼의 비둘기
　　─「비둘기에게 버스 운전은 맡기지 마세요」 부분

　굴러가는 바퀴는 구르다 멈추고 다시 구른다. 계절은 돌아오고 태양은 언제나 그 자리에서 내리쬔다. 한 번의 신호 정도는 무시하고 달릴 수 있지만 용인되는 일탈은 여기까지다. 버스 운전은 비둘기에게 맡기는 것이 아니라는 현실 법칙만이 분명할 뿐이다.
　일상은 내가 '나'임을 확인시켜주는 소중한 굴레다. 일상을 구성하는 세부, 즉 음악, 영화, 그림, 가족사, 동식물이나 그 외

사물들과 그것들을 둘러싼 사건들 역시 '나'에게 존재를 확인시켜주는 중요한 증거들이다. 이은림의 시에서 이는 일종의 무의식에 의한 시적 배치로 보인다. '나'를 힘주어 말하는 대신 내가 포함된 현재를 보여준다. 나를 비추는 태양과 내가 보는 나비와 내 뒤에 서 있는 나무를 보여준다. 내 아이에게 읽어준 그림책을 소개하고, 내가 직접 낳은 아이와 주고받은 말도 들려준다. 이러한 우회적 제시는 현실에 대한 시인의 소극적 태도를 엿볼 수 있게 한다.

그러나 존재를 확인하고자 하는 시인의 욕구는 「난독증 환자를 위한 요리」나 「그림자 밴드」에서처럼 적극적으로 드러나기도 한다. 난독증은 존재와 세계를 텍스트로 놓고 읽고 싶은 욕구이다. 읽고 해석하고 이해하고 싶은 욕구이다. 그러나 매번 새로운 눈알을 갈아 끼우더라도 그것은 불가능하다. "만월의 독백"도 읽어내지 못하는 우리의 눈알이 아닌가. 우리는 그저 목격할 뿐이다. 만월의 옆에 놓여 있을 뿐이다. 만월의 독백을 상상할 뿐이다.

> 겨우겨우 핀 꽃들이 화르르 지는 봄날,
> 누군가의 부음을 모른 척 지나치고
> 누군가의 질문을 못 들은 척 외면했지만
> 저 구름과 바람이 감춘 멜로디를
> 누가 감히 무시할 수 있겠는가

상자 속의 음악은 끝도 없이 흐른다

반복되는 구절을 흥얼거리며

나는 이제 겨우 조금 뒤척였을 뿐

—「오르골 상자」부분

  이은림의 시에서 자연물은 '나'보다 더 큰 존재다. 존재에게 존재를 가르치는 위치에 있다고나 할까. 그들은 질문도 대답도 없이, 그 자체로, 부정할 수 없는 생존의 법칙을 가지고 있다.

  '나'는 "누군가의 부음"과 "누군가의 질문"을 외면할 수는 있어도 구름과 바람의 멜로디를 무시하기는 어렵다. 자연은 이해의 대상이 아니라 수용의 대상이다. '나'의 존재감을 받아들이기 어려울 때는 자연을 바라본다. 그것은 너무도 당연하게 '지금' '여기'에 존재한다. 그들을 바라보며 '나'는 위안을 받거나 아주 잠깐 동안이지만 존재를 받아들일 수 있다.

  구름이나 바람처럼 나의 존재 역시 지금 여기에서 뭉게뭉게 흘러가고 산들산들 불어오는 것이다. 내가 할 수 있는 일은 지금 여기의 '나'를 받아들이거나 목격하거나 아니면 버리는 것이 전부다. "반복되는 구절을 흥얼거리며" 반복되는 부음과 출산, 반복되는 늙음을 바라볼 뿐이다. 시인에게 바오밥나무와 '나'는 다르지 않다. '나'를 바라볼 용기를 시인은 바오밥나무를 통해 얻는다. '나'는 바오밥나무를 바라보는 동시에 바오밥나무를 바라보는 '나'를 목격한다.

이 바라봄의 시선이 시인 자신을 향하는 시들에서 그림자는 시인을 드러내는 또 다른 자아로 작용한다. 자주 있는 일은 아니지만 시집 안에서 악역을 담당한다고나 할까. 시적 대상과 객관적 거리를 유지하며 담담한 감정을 드러내는 화자와는 달리 이 그림자는 보기 드물게 자기 위주로 활동하는 화자이다.

「그림자 보관함」에서 화자는 그림자를 지하철 보관함에 맡긴다. 그림자는 존재의 일부요, 증명 같은 것이다. 흔히 영화나 드라마에서 귀신 설정을 해놓고 타인에게 자연스레 그 사실을 들키게 하고 싶을 때 종종 햇빛 쨍쨍한 야외에서 등장인물의 그림자가 없는 상황을 연출한다. 그만큼 그림자는 존재의 증명이다.

시 안에서 그림자는 어떤 힘에 의해 강제로 떼어졌다. 그림자는 '나를 미행'하거나 '간섭'하는 존재로 그것은 '나'에게 '나'를 일깨우는 역할을 한다. 미행이나 간섭은 존재의 움직임을 간발의 차로 뒤따르는 그림자의 본성을 떠올리게도 한다. 화자가 원하는 "자유"는 "햇빛 가득한 곳"을 "그림자에게 끌려 다니는 사람들 사이"로 그림자 없이 "나풀나풀 돌아다녀" 보는 것이다. 일견 소박한 자유를 꿈꾸는 듯 보이지만 그림자 있는 사람들 사이에서 그림자 없는 사람이 되고 싶다는 것은 무슨 뜻일까. 그것은 존재 이외의 존재를 꿈꾸는, 존재 이탈의 상태에서 현 존재를 바라보고 싶다는 실현 불가의 소망이다. 그러나 '나'를 벗어던지는 것은 현실 속에서도 시 속에서도 쉬운 결정은 아니다.

홀가분하게 여기저기 기웃댈 수 있겠지. 텅 빈 능 뒤의 일
은 모른 척하면 그만이고. 근데, 열흘을 넘기면 보관함 속
내 그림자는 어떻게 되는 걸까. 맡겨놓은 한쪽 귀는? 그림
자가 나를 버리고 영 안 올지도 모르는데. 그럼, 나는 명백
히 죽어질까.

—「그림자 보관함」 부분

화자가 그림자를 아예 버리는 것이 아니라 잠시 보관하는 것, 그림자를 보관함에 넣은 사람은 '나'인데도 불구하고 그림자가 "나를 버리고 영 안 올지도" 모른다는 주객전도의 불안, 나의 선택이 아니라 그림자의 선택으로 인해 "나는 명백히 죽어질까"라는 의문을 갖는 대목을 읽어보면 화자가 그림자 같고 그림자가 화자 같다. 존재의 지속에 관한 권한은 '나'가 아닌 그림자에게 있어 보인다. 그림자가 현 존재인 '나'에 관한 어떤 결정을 내려주었으면 하는 화자의 무력감 내지는 수동성이 느껴지기도 한다.

이러한 수동성은 사물을 통해 '나'를 말하는 시인의 우회적 화법과도 연결된다. 이 세계를 통해 존재와 현실을 받아들이는, 받아들일 수밖에 없는 수동성은 존재의 한계를 절감하는 데서 오는 무기력과 절망의 무의식적 표출처럼 보인다. 「접시들」이란 작품에서도 앞서 말한 것과 유사한 수동성이 보인다. 끊임없이 존재를 의심하면서도 존재를 믿는 일상을 영위해야만 하는 시

인의 자의식이 아마도 이렇지 않을까.

> 접시들은 깨어지기 위해서 존재하지
> 내일이나 모레쯤 토해낼 외마디 비명을
> 접시들은 동글동글한 과일 아래서
> 부지런히 연습 중이거든
>
> (중략)
>
> 조금 일찍 깨져버리는 접시
> 간신히 깨어지는 접시
> 끝끝내 깨지고 마는 접시
> 차례를 지키는 건 아니지만
> 접시들은 언젠가 모두 깨어지기 마련
>
> ―「접시들」 부분

접시들은 깨어지기 위해서 존재한다. 동글동글 새콤달콤한 과일들을 받치고 있는 전성기의 접시들은 단물을 몸에 묻히는 동시에 언제 다가올지 알 수 없을 끝을 위해 비명을 연습해야 한다. 접시에게 끝은 어떻게 다가오는가.

접시를 사람의 생으로 놓고 읽어도 전혀 어색함이 없는, 오히려 접시의 생이 아니라 누가 봐도 인생의 유한성에 대한 원망 서린 절규로 들리는 시다. 거기에는 삶에 대한 이해를 포기한 자의 자조나 반어적 반감 같은 것이 서려 있다. "*어서 네 머리를 내리렴*"(「라푼첼」) 하는 마녀의 외침에 머리칼을 현실 속으로 드리울 수밖에 없는 라푼첼처럼. "떠나려는 머리카락들"은 라푼첼에게 현실이다. 머리카락이 떠나고 난 뒤의 라푼첼은 라푼첼이 아니다. 존재의 지속을 위해 머리카락들은 필요하다. 그러나 그것들을 "붙잡고 있느라" 정작 본인이 갇힌 성에서 "내려가는 법은 잊어버"린 것이다. 오르골 상자 속에 갇힌 음악이 되어버린 것이다. 시간의 태엽이 풀리는 대로 움직일 수밖에 없는 것이다.

그러나 "이것은 선인장 화분"(「르네 마그리트풍의 화술」)이라는 것을 어떻게 믿지 않을 수 있는가. 이것이 삶이라는 것을, 이것이 내 얼굴이라는 것을 어떻게 믿지 않을 수가 있는가. 선인장 화분을 거꾸로 흔들어 보아도 변하는 것은 없다. 존재에 대한 부정이 존재를 설명해주지는 못한다. "아무리 흔들어도 모래 한 알" 선인장 화분에서 떨어지지 않는 것은 바로 그러한 이유다. 존재는 삶을 선택할 수 없으며 죽음을 선택하는 순간에도 존재는 설명되지 못한다.

그러한 죽음을 경험한 자라면 삶을 어떻게 추억할까. 「후일담」에서 허공은 온갖 소리로 비좁다. 화자인 '나'는 그 모든 것을 볼 수 있다. 현실을 받아들일 수 없는 화자에게 이곳은 온갖 사건과 소리들로 둘러싸인 물리적 공간이다. 화자가 현실의 주체인 동시에 시간의 타자인 셈이다. 주체인 동시에 타자인 존재의 삶을 견디는 것은 두 귀를 떼어내는 것만으로는 해결되지 않는다. 아직도 현실에는 두 개씩이나 되는 나의 눈이 남아 있기 때문이다.

  3부의 시들에서 시인은 좀 더 적극적으로 자아를 드러낸다. 사물을 통해 자신을 투사하는 우회보다는 직접적인 방법을 택한다. 「거울 도시」에서는 현실 속 분명한 존재로 행세하는 자아에 대한 불안을, 「벨벳 상자」에서는 자신의 몸을 갈기갈기 찢어서라도 스스로의 정체를 알아내고 싶은 욕구를 드러낸다. 「끝나지 않는 이야기」에서는 시간을 거꾸로 사는 사람이 되어 자궁을 거슬러 올라가려는 시도를 한다.

  이는 1부나 2부의 시들에서 보인 태도와는 구별된다. 관찰을 통한 외부 실재보다는 내적 세계를 시적 소재로 다룬다. 「5년 후의 고래」에서 시인은 현실 속에 존재하는 스스로를 "참을성이 많고 소심"하며 "고래와 부딪쳐도/슬금슬금 잘도 비켜"나간다고 말한다. 1, 2부에 비해 적극적으로 자아를 전면에 드러내는 태도다. 이때부터 시인의 현실적 조건들이 시 안에 좀 더 나타나기 시작한다.

  1부에서 4부까지의 시가 진행되는 동안 시인은 아이를 낳았고 시인의 가족에게는 여러 변화가 생겼다. 시인이 살고 있는 현실에도 여러 사건들이 일어났다. 존재에 대한 의심이 고개를 들수록 존재를 정당화하는 사건들이 벌어진다. 아무리 외면하고 싶어도 '나'는 눈앞에서 벌이지는 내 현실의 주체다. '나'의 의사와는 상관없이 맹목적으로 진행되는 이야기처럼.

> 다섯 번째 마시는 이 커피는
> 쓸데없는 허기를 잠재우는 데 그만이다
> 옆 아파트에서는 석 달 전 추락한 소년의
> 마지막 순간을 아직도 떠들어댄다
> 소년은 비명 소리가 끌고 내려오기에
> 꼭 알맞은 몸뚱이를 가졌을 테지
> 아, 15층은 참으로 순식간이구나
>
> 아래층에서 한 번만 더 올라오면
> 단단히 화가 난 마리안느를 선물해줘야겠다
> 때로 초록도 조심해야 할 필요가 있거든
> 길고 우아한 이파리가 품고 있는 독에 대해
> 어디 한번 이야기해볼까
>
> ─「맹목적인 이야기」부분

커피를 믿지 않을 도리가 있을까. 옆 아파트에서는 석 달 전 어떤 소년이 추락했다. 그리고 화자는 층간 소음을 문제 삼아 올라오는 아래층에게 자신의 마음을 마리안느를 통해 완곡하게 전달할 계획까지 갖고 있다. 이쯤 되면 무슨 수로 존재의 불안을 떠들 수 있다는 말인가. '나'는 얼마나 명확하게 이 세계의 시간에 안착해 있는 것인가. 걸리버를 묶었던 소인국 사람들의 밧줄처럼 현실은 제각각의 사연들로 존재를 묶는다.

「그럴 수 있지」에서 할머니는 돌아가시고 아버지는 폐암 환자가 되었다. 동생은 유산을 했고 이삿짐센터의 사다리를 타고 물건들은 잘도 올라간다. 화자는 무엇 하나 깨지지 않기를 바라는 현실의 마음으로 이사를 바라본다. 허공에서 허공으로 옮겨가는 사물들을 바라본다. 가족들의 삶이 평안하게 흘러가기를 바란다. 이 세계를 믿는다. 믿는 실수를 되풀이한다. 어쩌겠는가. 아침에 눈뜨면 만나게 되는 태양은, 내 옆에서 잠자는 남편과 아이는, "눈을 감거나 뜨거나" "짠, 하고 나타나는 캄보디아"(「캄보디아, 캄보디아」) 같은 것이다.

'나'를 이해하지도 못했는데 '나'는 아이를 갖는다. 훗날 스스로를 '나'라고 일인칭화시켜 부르게 될 아이를. 거짓말처럼 배는 부풀어오르고 한 몸속에서 두 개의 심장이 뛴다. 그 불가사의를 어쩔 것인가. '나' 속의 '나'. 둘 모두 "예정된 시간"(「구름은 부푼다」)을 향해 걸어가야만 한다. 아직까지 지구에서는 사과가 위에서 아래로 떨어지지 않는가.

> 때로는 돌아눕고 싶었네. 먼저 달아난 마음이 자꾸만 뒤돌아보며 어서 오라 재촉할 때, 두 손바닥 위를 오래 흐르던 강물이 제 몸 접고 얼어버렸을 때. 밤은 밤을 부르고, 밤이

밤을 낳고. 그렇게 끝도 없는 어둠 속을,

긴 여행 떠나는 철새 행렬이 우수수 쏟아놓은 그림자 떼.

길은 낙타처럼 쓸쓸히 늙어가고.

먼 산 바위의 등에는 배고픈 새들이 집 짓고 사네.

나는 또,

내가 만든 벽 속으로 등 돌려 숨고.
　　　　　　　　　　　　—「달팽이의 노래」 전문

제4부로 접어들면서 시인은 불가사의한 시간의 허공 위에서 삶을 영위할 수밖에 없는 자신의 모습을 바라본다. '바라본다'가 아니라 '받아들인다'고 하면 그것은 패배를 인정하는 게 될까. 알 수 없다. "밤은 밤을 부르고, 밤이 밤을 낳고." 어둠은 "그렇게 끝도" 없을 뿐이다. 달팽이는 시간 위를 미끄러지는 시인 자신에 대한 비유다. 어느 순간 달팽이는 습한 그늘 속에 놓여 있었다. 허공 위로 흩뿌려진 흙. "내가 만든 벽 속으로 등 돌려 숨"지만 어떤 방향을 향해 돌아누울 것인가. 방향이 중요한 것이 아니라 돌아누울 몸을 가지고 말았다는 것이 시인의 화두

가 아니겠는가.

　우리가 정체불명의 「얼음 케이크」를 먹기 위해 모인 사람들이라는 것쯤은 이제 더 이상 신기하지 않다. 이 세계는 시간이 배경음악으로 깔린 "파티"장이고 우리는 이 생일 파티의 주인공이자 축하객이다. 중요한 것은 '누구'의 생일인지가 아니라 우리의 의지와 상관없이 이 파티에 '초대' 받았다는 것이다. 이것이 우리에게 공통으로 주어진 삶의 조건이다. 그런데 이런 삶의 조건에 익숙해질 무렵 아이들이 태어난다. '나'는 더 이상 딸이나 아들이 아니라 부모가 되고 '나'에게는 '파티'에 갑작스레 초대받은 아이들이 생기게 된다. 그리고 아이들은 '나'에게 스스럼없이 진화에 대해 물어온다. 아이는 '나'를 타자화시키면서 스스로 주체가 되는 법을 감쪽같이 깨우친다. 그 옛날 시인이 그랬던 것처럼.

　　머언 옛날,
　　가장 먼저 바다를 박차고 나왔던
　　물고기의 감정에 대해,
　　지느러미가 발이 되도록
　　스스로를 힘차게 밀고 다녔을
　　맨 처음 물고기,
　　두 번째 물고기,
　　그다음 물고기들에 대해

어디 한번 말해볼까

(중략)

거짓말처럼 흘러가버린 시간은
결코 사라지지 않고
어딘가에 차곡차곡 쌓여 있지.
인류학자, 고고학자, 지질학자처럼
놀아볼까
은행나무의 시간이 궁금하다면
그렇지, 그렇게 건드려보면 돼
와르르 쏟아지는 노란 대답들!
그래그래, 웃으니까 정말 좋구나
　　―「진화(進化)가 궁금한 여섯 살 딸에게」 부분

　아이에게 "맨 처음 물고기"에 대해 설명하는 것은 '나'에게 존재를 설명하는 것만큼 어렵지는 않다. 현실에서 통용되는 시간과 기억을 통해 '나'는 사물과 생명의 처음에 대해 잘도 이야기한다. "거짓말처럼 흘러가버린 시간"은 "결코 사라지지 않고/어딘가에 차곡차곡 쌓여" 있다. 덕분에 우리는 현실의 시간을 만지고 연구할 수 있다. 아이는 '내'가 현실 속에서 존재가 머무는 방법에 대해 정리할 수 있도록 돕는다.

이 시간 안에서 '나'는 동시다발적으로 발생하고 존재하는 사건이다. "내가 아기를 재우는 일에 골몰하는 동안"(「내가 아기를 재우는 일에 골몰하는 동안」) 다른 나라에서는 여러 가지 일들이 발생한다. '나'는 내가 타자화되는 순간을 아이를 재우면서 경험한다. "시위대"의 타자로서, "임기 말 대통령"의 타자로서 "무서운 집중력으로 물들어가는 나무들"의 타자로서 '나'는 존재한다. 동시에 '나'는 내 시간의 주체로서 아기를 재우는 순간을 경험하는 중이다.

그 많은 '나'들이 "순간 같고 영원 같은 시간의 중심"에 서 있다는 것은 분명하다. 이것은 화자에게 혼란이다. 화자뿐 아니라 모든 '나'들에게 혼란이다. "창 하나를 사이에 두고"(「후박나무는 키가 크다」) "다른 질감," "다른 속도," "다른 부피로 넘실대는 시간"인 것이다. 이것은 "분명, 이상한 풍경인데"(「특별할 것 없는 이야기」) "하나도 어색하지 않다" 왜일까. 그 수많은 '나'들에게 다른 질감과 속도와 부피로 넘실대는 시간을 인정해야 하기 때문이다. 그것은 시간에게 다가가는 한 방법이기도 하다.

진화를 궁금해하던 시인의 딸은 이 시집의 말미에서 일곱 살이 되었다. 시인은 딸의 스무 살 생일 파티를 알래스카에서 열어줬으면 한다. 스무 살은 성년의 나이, 가장 빛나는 나이, 시간이 가장 천천히 흐르는 나이, 그리고 화자가 가지고 싶은 나이, 돌아가고 싶은 나이, 돌아갈 수 없는 나이이다. 시인에게 딸은 중첩된 시간의 이미지를 가지고 있다. 살아 있는 화석 같은 존재다. 맨 처음 물고기의 기억을 가지고 내 몸에서 떨어져나간 또 하나의 심장. 존재가 만들어낸 존재.

  시인은 이제 그 존재에게 시인이 알고 있는 가장 빛나는 것을 선물하고 싶어 한다. 알래스카. 그것은 존재가 빚어내는 불안 속에서도 본능적으로 찾게 되는 아름다움에 대한 추구다. 아름다움은 존재에 깃든 오랜 불안에게 건네는 이 세계의 위로다. 이 세계와 존재의 상호작용이다. 그렇다면 시인이 알래스카로부터 듣고 싶었던 위로는 무엇이었을까. 알래스카에게 해주고 싶었던 위로는 무엇이었을까. 칸나는 알고 있을지 모른다.

이 도서의 국립중앙도서관 출판시도서목록(CIP)은 서지정보유통지원시스템 홈페이지
(http://seoji.nl.go.kr)와 국가자료공동목록시스템(http://www.nl.go.kr/kolisnet)에서
이용하실 수 있습니다. (CIP제어번호: CIP2014018831)

시인동네 시인선 014

그림자 보관함

ⓒ 이은림

초판 1쇄 인쇄　2014년 6월 30일
초판 1쇄 발행　2014년 7월 6일
　　지은이　이은림
　　펴낸이　김석봉
　책임편집　이현호
　　디자인　조동욱
　　펴낸곳　문학의전당
　출판등록　제311-2012-000043호
　　　주소　서울시 은평구 연서로11길 7-5 401호
　　편집실　서울시 마포구 마포대로 127, 413호(공덕동, 풍림VIP빌딩)
　　　전화　02-852-1977
　　　팩스　02-852-1978
　　　블로그　http://blog.naver.com/mhjd2003
　전자우편　sbpoem@naver.com

　　ISBN　978-89-98096-82-3　03810

* 이 책의 판권은 지은이와 문학의전당에 있습니다.
* 양측의 서면 동의 없는 무단 전재 및 복제를 금합니다.
* 잘못 만들어진 책은 바꿔드립니다.